DU VRAI SENS

DE

LA LOI REPRÉSENTATIVE.

———

Les gouvernemens sont faits pour le repos et le bonheur des peuples : quand ils ne remplissent pas ces conditions , ils ne peuvent se promettre une longue durée...........
Lors de la révolution de 1830, n'a-t-on pas voulu déclarer que c'était pour le peuple qu'il y avait un trône, pour lui des législateurs, pour lui une administration!
(*Premier rapport sur la réforme électorale : février 1834.*)

PARIS,

A. PIHAN DE LA FOREST, IMPRIMEUR,

RUE DES NOYERS, Nº 37.

—

1834.

L'autorité instituée n'a pas recueilli un droit, dont l'abus est plus excusable, moins sensible : elle a été investie d'un pouvoir, dont l'usage est précis, est limité.

C'est un premier forfait, si, de ce pouvoir omnipotent en fait et subalterne en droit, elle fait des lois, à l'encontre des prescriptions imposées par ses mandataires.

C'est un second forfait, si, de ce même pouvoir, elle se fait des armes, à l'encontre de la résistance opposée par ses mandataires.

. . . .

Un sort le veut. Il est écrit que les annales du siècle ont à s'ouvrir, à se clorre en la même façon.

C'est sa loi, qui s'étend en tout point, que le pouvoir tue le pouvoir, que la chambre tue la chambre, que la presse tue la presse, que le jury tue le jury.

Car, qu'on dise ou qu'on fasse, en quoi que ce soit, si l'usage enfante l'abus, l'abus enterre l'usage.

. . . .

Qu'on laisse les lois qui disent qu'on a peur ; et c'est tout.

Qu'on en vienne aux actes, qui disent qu'on a tort : et ce sera tout.

Qu'on cesse de se faire pouvoir de force, ce qui ne se peut : qu'on commence à se faire pouvoir de grace, ce qui se peut.

Qu'on s'en prenne à soi-même, à soi seul.

. . . .

Eh ! plus qu'on ne croit, il y a de la force dans la vertu, il y a de l'empire dans l'équité, il y a de l'intérêt dans le devoir.

Le mal a son art : d'abord certain du succès, et bientôt s'usant en efforts, et enfin mis à néant.

Le bien a son art : plus lent de marche, et cependant avançant vers le but, et seul se reposant, dans le triomphe.

(*De l'Œuvre sociale et de l'Outil représentatif* : 1834.)

Sauf quelques erreurs sans doute, voilà qui est neuf, vrai, bon.

Non, sans quelques exceptions, cela seul est neuf, vrai, bon.

Qui donc veut de cela ?

Il y a de quoi donner à réfléchir, à se repentir. Rien ne sied moins.

Quelle folie aussi !

Parler devoir, à qui n'entend pas même l'intérêt.

Parler raison, à qui n'écoute que la passion.

Parler patrie, à qui ne connaît que le parti.

Eh ! l'ame, le sens, manquent de même.

Les partis ne sont pas d'accord, en apparence seulement.

Ils suivent des voies diverses : ils marchent à la commune fin, à l'abîme.

Ils se déchirent, au titre de parti : ils s'entr'aident à la ruine de la patrie.

Les uns comme les autres, ils n'ont souci que de se détruire, n'ont effroi de tout abattre, n'ont moyen de rien fonder.

Ils se battent entre eux, pas même avec l'espoir de vaincre, rien que pour le plaisir de se battre.

Ni la crainte éprouvée ne réprime : ni la peine subie ne corrige.

Ainsi se fait le mal de tous, et ne se fait le bien d'aucun.

Toutefois, il n'y a préméditation du mal ; il n'y a que prédisposition au mal.

Non le calcul, mais l'instinct commande.

La conscience séduite du dedans, fermée au dehors, est fourvoyée.

La conscience se laisse monter au cran de l'esprit de parti ; elle se fait l'artisan en tête, du mal.

Sous la restauration, le clergé trop fervent, la noblesse trop ardente, étaient voués d'ame, à la religion, à la royauté.

Et, le plus innocemment du monde, ils n'imaginaient rien de mieux pour en écarter les périls, que de les cerner, de les confiner sous leurs remparts vermoulus et prêts à crouler (1).

Après la révolution, la classe dite bourgeoise, dont ce niais sobriquet en l'isolant du peuple, présage la perte, est dévouée à la monarchie nouvelle.

Et de même, elle n'imagine pour en assurer le salut, que de la couvrir de son bouclier, sans cesse renforcé et pourtant percé à jour.

D'abord, prêtres et nobles, ensuite bourgeois, en viennent à ne voir qu'eux dans l'état : soit pour jouir du bonheur, soit pour garantir le repos.

En leur naïve idée, patriotisme, égoïsme se fondent, se confondent ensemble.

L'égoïsme se méconnaît lui-même, paré qu'il est des couleurs, revêtu des titres du patriotisme.

Tant est grand l'égarement, il se prend et se donne, pour vertu, pour devoir, pour honneur.

Chacun devient fanatique d'égoïsme.

---

(1) Est-ce donc qu'on en voulait à Charles X ? n'était-il pas aimable et bon ? Mais la noblesse !...... mais le clergé !....... (*Le National* : citation de mémoire.)

Comment donc est tombé ce trône auguste, cet illustre trône, dont, quoi qu'en disent à présent ses ennemis, l'avènement fut salué d'une acclamation presque unanime ; dont, si ses amis n'avaient pas aussi mal agi, la consolidation s'accomplissait aux applaudissemens presque universels.

Les amis ont frayé la voie sous le pied des ennemis, ont comme jeté la victoire à la main des ennemis.

Et ces gens qui ont tué la royauté, ne sont pas morts de douleur, au premier jour ! ne meurent pas de repentir, chaque jour !

Tout au contraire, leur voix tonne plus haut que jamais, se targuant de tels hauts faits, déversant l'opprobre en tout autre lieu. Et ne rencontrant en l'ame aucune espérance du retour de l'antique ordre de choses, comme pour se venger des destins, ils ne conçoivent plus d'autres vœux que d'empêcher le maintien d'un ordre quelconque :

En cette façon, écartant encore les esprits, par suite des haines qu'ils s'attirent, de la dynastie, dont ils se font, se disent les organes.

En cette façon, réussissant à amener, à hâter l'ère de subversion radicale, qui pour un temps indéfini, mettrait hors de ligne, la dynastie.

Eh bien ! tant que ces gens ne seront pas en-fouis à mille pieds sous terre ; tant que le sol, pâlissant de honte, frémissant de rage, aura à les porter ; tant qu'à l'occurrence d'un revirement politique, ils se tiendront tout prêts à le servir en apparence, à s'en servir dans la réalité :

Point d'espoirs ! pas même de désirs ! rien que des craintes mortelles, chez tout être doué de sens.

HENRI reviendrait : il reviendrait, salué avec acclamations, accueilli par les applaudissemens ; encore ce ne serait pas mieux que cela fût ; encore il y aurait plus de risques qu'il n'y en eût.

Or, ces gens sont là : qui, en peu d'instans, ne manqueraient pas de faire taire les cris de joie, de faire rentrer l'essor des sentimens, de faire s'éteindre l'aurore des présages.

Au préalable, qu'ils disparaissent de la vie, ou qu'ils s'effacent de la scène, car si peu qu'ils sont, mais ardens en mouvement, mais éclatans de bruit, vis-à-vis d'eux, ni le nombre énorme ne compte, ni le poids immense ne frappe.

Et cependant, avant qu'ils se fassent justice, si le mécanisme social venait à être arrêté, à être subverti, l'anarchie dévorerait existences et fortunes, mœurs et lois ; l'anarchie invoquerait de droit, évoquerait de fait l'empire du sabre, du bâton plutôt.

Aussi, telle est la règle de conscience pour qui voit et prévoit : servir le pays, sauver le pays. Rien de plus, rien de moins.

En de pareils temps , *fais ce que dois* , se traduit ainsi : *fais ce que peux*. Puis , en l'un et l'autre cas , *arrive ce que voudra*.

De là , le pouvoir ne rencontre ici que conseil loyal , et même ne trouve qu'ici , conseil impartial , désintéressé.

Car ni le sentiment n'invite , ni la pensée n'engage à requérir part à ses faveurs ; d'autant que par toute autre cause , nulles faveurs n'ont été requises ailleurs.

Le pouvoir est un nom générique qui s'applique à des sortes fort diverses.

Quel contraste entre le pouvoir de 1800, le pouvoir de 1815 , le pouvoir de 1830 !

Au premier , la gloire vivante ; au second , la mémoire renaissante : à tous deux , l'espoir de l'ordre.

Au dernier, ni gloire , ni mémoire ; et le besoin de l'ordre , seulement par suite des journées de juillet.

Partout l'avènement a été accueilli , au titre de retour à l'ordre : car, pour les masses, le vœu se confine à l'ordre ; car, après les troubles, l'ordre comble l'espoir.

Peut-être même, l'ordre stable et fixe dispenserait du secours de la gloire , du recours à la mémoire.

Ici , d'une part , tout cela manque : et de l'autre, de telles journées sont inconciliables avec le maintien parfait de l'ordre.

Quelle est donc la position du pouvoir? Un mot le dit, le même qui fut dit en 1814 : *a Cel tient parce qu'il n'y a rien à mettre en place.*

En 1835, comme en 1815, vienne quoi que ce soit de possible : aussitôt le frêle échafaudage élevé en grande hâte, dans la vue d'édifier une bâtisse à peine hors de terre, croule à bas.

L'échafaudage n'est autre que le gouvernement : la bâtisse est la société même.

L'échafaud étant si branlant, à toute heure, l'effroi prend ; et le soin est absorbé à le renforcer de plus en plus.

Ainsi, il est alourdi et non consolidé, croulant sans plus d'effort, avec plus de fracas.

D'abord, c'est à coups de lois, que tente de se garantir, le gouvernement ; et leur nullité, leur vanité se démontrant par le fait, c'est bientôt à coups d'armes.

Respect aux lois, respect aux armes. Tour-à-tour résonne ce cri, plutôt sur le ton de détresse que de triomphe.

En tout apparaît la peur : soit dans le texte des lois, qui, en trop juste défiance de leurs instrumens pratiques, se rejettent sur la rigidité des préceptes théoriques.

Soit dans l'état des armées, qui sont portées hors mesure, afin de faire face à l'étranger, inquiet lui-même, et fort éloigné de se jeter au-devant des périls ; qui sont conservées presque au même taux, afin de tenir tête à l'ennemi indigène, bientôt recruté d'un nouveau nombre de mécontens.

Et, tel est l'effet de la peur, qu'en amoncelant des moyens apparens de défense, ses auxiliaires sont d'autant effrayés, ses adversaires d'autant enhardis.

Respect aux armes : rien de mieux ; mais tant que la répugnance ne les amortit pas, et que la séduction ne les ravit pas.

L'un et l'autre événement sont trop communs dans notre récente histoire : en 1789 à Paris, et en 1791 dans toute la France ; puis au 18 fructidor et au 18 brumaire ; puis, en 1814, sous les murs de Paris, et même, en 1815, après la défaite de Waterloo ; enfin, en 1815, lors de l'arrivée à Cannes, et même en 1830, avant le départ de Rambouillet.

Sans doute, les phases diffèrent fort : mais aussi, sous combien de formes, s'est développé le phénomène !

Respect à la loi : mieux encore. Mais alors que la loi est faite, par qui a titre, est faite pour qui a droit ; mais alors que la loi se respecte elle-même, émanant du vœu commun, aboutissant au bien public.

Pour le moment, d'où vient la loi ? où va la loi ?

Quant au premier point, il est à aborder franchement ; et, sans trop rougir, sans trop pâlir : car, tant d'autres fois, il en fut, il en sera de même.

Le pouvoir aimé se laisse haïr, du fait d'avides et orgueilleux amis.

Le pouvoir puissant se laisse battre, du fait d'insensés et infatués agens.

Il faut bien qu'un autre vienne en son lieu.

Mais cet autre, venant de rencontre, d'occasion, au moins à son origine, n'est ni aimé, ni puissant.

Tout était donné à celui-là : celui-ci a tout à se donner.

Telles glorieuses ou ignobles que soient, au dire de chaque parti, les fameuses journées : quelques milliers de prolétaires ne transfèrent pas le droit ; deux centaines de mandataires ne confèrent pas le droit.

Et, quant à l'assentiment tacite, à l'accompagnement obligé, certes, on n'a pas à en faire état : chacun, en France, prétendant être gouverné sur les lieux ; nul, en France, n'entendant être gouverné d'outre-mer.

C'était nécessité, fatalité.

Mais nécessité, fatalité ne font pas le droit.

Mais le pouvoir, mais la loi même, n'a pas le droit : si toutefois, il y a droit ; si désormais, il y aura droit quelconque, en France déja, en Europe bientôt.

Ce n'est plus le droit abstrait qui vient faire la loi : c'est la loi qui va faire le droit positif.

Jusques là, mille excuses à qui cela déplaît : ce cri n'a point de sens : Respect à la loi !

Au reste, quelle nécessité prospère, quelle fatalité propice !

Par leur grace, une condition est offerte, est imposée au pouvoir soit législatif, soit exécutif ; hors laquelle il périt, sous laquelle il tient.

C'est qu'il fasse la loi pour le peuple, et non contre le peuple.

A traverser du droit divin jusqu'au droit national ; à passer de l'état despotique à l'état démocratique, le pouvoir quelconque est le serviteur du peuple.

Encore, qu'un ancien domestique se prévalant, et de zèle éprouvé, et de soins prolongés, et d'habitudes prises, parvienne à se faire maître : A peine on s'en doute, on s'en fâche.

Mais que le valet, gagé d'hier, tente de se faire maître ; on le prend en grippe, on le traite avec humeur, on le met à la porte.

Surtout en France, surtout depuis juillet, tout se passe à rebours.

Il ne se conçoit pas que l'exemple, la paresse, l'intrigue, hébêtent à ce point extrême, que des hommes honnêtes en famille, habiles en affaires, viennent prendre siége à la chambre, avec telle mission, avec telle intention.

Et qu'à peine assis sur les bancs, ils aillent, trahir leur mission, renier leur intention ; tantôt à l'ordre des inspirations personnelles, faute de s'en rendre compte ; tantôt à la merci des suggestions étrangères, faute d'en démêler le motif.

D'abord, par l'effet d'une insigne manie, d'une vraie monomanie, la chambre élue et la caste élective, le plus innocemment du monde, imaginent un état en dehors du pays, et s'identifient avec cet état, s'incarnent en cet état.

Puis, leur poussent en tête les idées abstraites de l'honneur et de la gloire de l'état : auxquelles sont immolés de grand cœur, les êtres en chair et en os, dont se compose le pays, qui n'ont rien à voir, rien à entendre à un tel état.

De là, sommairement parlant, et les dépenses immenses d'armement, et les frais exorbitans d'Alger, et la folle prime des colonies, et le sot fonds d'amortissement, etc.

Le tout, au montant de 150 millions par an, à prendre non pas en poche, car la mesquine pécune, n'a pas le temps de s'y loger ; mais à prendre dans la main, à l'instant où il y passe pour être troqué contre le pain quotidien ;

A prendre par la voie des subsides les plus odieux qui affectent la vie, les plus onéreux qui altèrent la force : lesquels, en l'absence de ces vains emplois, seraient abolis, faute de savoir que faire des écus.

Que de fois il a été dit et redit à la chambre, à la caste :

« Eh ! faites de l'honneur, faites de la gloire :
« et félicitez-vous, et repaissez-vous ! mais, pour
« Dieu, payez le prix coûtant ; pour Dieu, ne re-
« jetez pas la charge entière, sur qui n'y a ni
« profit, ni plaisir quelconque. »

Or, le mal ne s'arrête pas : le vice s'inocule sous l'ombre, se propage au loin.

Voilà donc que la caste, seulement mandataire, vraiment représentante du pays, fait un état à part du pays, se fait elle-même l'état, à l'encontre du pays.

Certes, la peine finale, au pied lent, certain, poursuit, atteint, frappe enfin le crime capital.

Mais, d'avance et comme en à-compte, la peine préliminaire surgit des entrailles même du crime.

Dans cette caste dite moyenne, il est aussi, suivant les forces morales et matérielles, des rangs supérieurs, des rangs subalternes : ceux-là voués au gré de l'éternel sort à opprimer ceux-ci, ou par la ruse, ou par la violence.

De là, pendant et après la restauration, au détriment de l'immense majorité de la caste et de la presque totalité du peuple, comme aux dépens de la richesse publique et générale ; tant de fautes, tant de pertes.

Soit l'arriéré de l'empire payé au pair ; le remboursement des rentes en vain tenté ; et l'indemnité soldée en trois pour cent.

Soit l'énorme réduction du droit sur les sucres ; la presque abolition du droit sur les cotons ; la prohibition absolue des fers et des houilles ; et la double prime à la production, à la fabrication des sucres.

Soit le luxe exubérant, déja de larges canaux,

bientôt de chemins de fer ; la faveur envers le monopole des industries, destructive du travail libre, réductive du mince salaire ; et les priviléges de toute sorte, au profit des grandes villes, à double titre ruineux pour la France en masse.

Soit enfin l'anathème lancé du coin de toutes les bornes et retentissant dans tous les carrefours, contre les droits protecteurs, à peu près nuls d'effet et pourtant doux à l'idée, de la production des bestiaux et laines, des lins et soies, même des céréales (1).

Toutes choses, que les pauvres gens de province laissent faire, laissent passer ; ne se doutant jamais que ce sont causes de mort pour la culture remise en servage ; et parfois même s'imaginant que tôt ou tard, le trop plein de la richesse citadine, se déversera au sein de la campagne.

Toutes choses, qui venant à se résumer en chiffre d'écus, là positif, ici négatif, ne peuvent être évaluées à titre de charges ou de pertes, pour la nation rurale, au-dessous de quelques centaines de millions.

Voilà qui souffre ; et voilà aussi qui paie.

Car ce semble, cet adage banal sert de devise

____

(1) Tous ces points, à peine ébauchés ici, sont exposés et développés à fond dans divers écrits ; surtout dans les écrits : *Du Tribut de la terre ; du Réglement de la dette.*

à la société humaine, toujours prise à rebours : *les battus paient l'amende.*

Eh! bon Dieu, on ne se rend pas compte, on ne prend pas connaissance ni de ce qui pâtit, ni de ce qui subvient, à la merci des lois de même cruelles dans l'un et l'autre sens.

Plaît-il de l'entendre, de l'apprendre, du seul homme qui y ait pensé, qui l'ait senti.

« Comment dénombrer tous les cas, où la
« fausse civilisation opprime la vraie civilisation,
« où à l'ordre du monopole et de l'aisance, pa-
« trons de la première, la charge retombe sur le
« travail et l'indigence pupilles de la seconde.

« Les tarifs fixes qui jouent du millième au
« dixième entre le riche et le pauvre ;

« Les droits fixes sur les boissons du peuple,
« qui s'aggravent à proportion de la pénurie.

« Le port des lettres, qui intercepte les com-
« munications parmi les classes mal-aisées ;

« Les portes et fenêtres qui contraignent les
« petites gens à se priver et de l'air et du jour.

« L'impôt mobilier et personnel qui pressure
« l'homme, alors qu'il n'a nulles ressources.

« L'impôt foncier qui dîme, à un taux fixe, sur
« l'insuffisance éventuelle des récoltes.

« La taxe du sel qui frappe au cœur les cam-
« pagnes, qui pèse en raison progressive de la
« misère.

« Impôts et taxes, dont les neuf dixièmes pour
« l'impôt personnel et la taxe du sel ; dont les

« quatre cinquièmes pour les portes et fenêtres et
« les boissons communes, sont acquittés par l'im-
« mense majorité en nombre, par l'immense mi-
« norité en fortune, de la population française.

« Bien qu'il suffit de se donner en épargnes,
« ou en subsides, 150 millions peut-être ; pour
« dégrever cinq millions de familles, y compris
« les frais de vente hors de propos et de saisie
« après l'échéance, de 30, 40, 50 francs et plus
« par an.

« Laquelle somme représente, quant aux la-
« boureurs et ouvriers, la valeur de 50 à 60 jour-
« nées de travail du père de famille, souvent
« seul en état ; ou du dixième au cinquième du
« salaire, qui est le revenu destiné à l'entretien
« de la famille ;

« Et représente, quant aux petits cultivateurs
« vivant des fruits du champ ou de l'échange
« simple, autant et plus nombreux ; à raison des
« bonnes ou mauvaises récoltes, une portion à
« peu près égale, du produit brut consacré à
« l'entretien de la famille (1) : (*Le peuple et le*
« *non peuple*, 1832).

Cependant, il n'a point encore été question de
l'influence permanente, ascendante, des rap-

____

(1) Le prolétaire paie sa part de tous les impôts sur sa
nourriture, son vêtement, son logement, son salaire même.
Et il paie incontestablement dans une proportion bien plus
grande, sur son revenu qui est ce salaire, que le contri-
buable le plus fortement taxé. (*M. Gauttier* 1831.)

ports existant, entre les hommes d'aisance et d'in-
telligence, et les gens de pénurie et d'ineptie :
choses d'ordinaire réunies.

Or, c'est à faire rougir de honte en tout temps,
à faire pâlir de crainte, en de tels temps.

On ne sait trop de quel bord, vient la plus forte
part, ou des lois odieuses, onéreuses, ou des
mœurs avides, cupides : surtout après tant de
crises politiques, où les ames se blasent et les
caractères s'altèrent, où les fortunes se dépla-
cent et les classes se supplantent.

Seulement on voit, on sent comment, et les
mœurs que dépravent les révolutions, et les lois
qui trahissent les révolutions, concourent et
concordent merveilleusement : de telle façon
qu'en tout lieu, en tout point, l'homme de peine,
l'homme de labeur est écrasé de fatigue, obéré
de misère, et gémit au jour même, et frémit du
lendemain.

Eh ! du fond de la chaise de poste, à travers la
glace ou la jalousie, que n'est-il jeté un regard
furtif, sur cette maigre face et ce teint hâve et ce
front chauve, sur ces reins courbés et ces jambes
raidies et ces bras tordus, de campagne et de
ville : signes parlans de l'oppression constante ;
présages éclatans de l'insurrection imminente.
(*Les Besoins et les Droits*, 1832.)

Ainsi, l'homme proclamé à titre de *prochain*,
dans l'ordre sacré, déclaré à titre d'*égal*, dans
l'ordre profane, qui, dans l'isolement, n'est qu'un

atôme, qui, par le ralliement, fait le monde, tombe tantôt en proie à l'avidité, tantôt en victime à la vanité.

Les actes de son martyre sont à diviser en trois points, à distinguer sous trois rapports :

Le rapport diplomatique, ou des Etats vis-à-vis les Etats ; le rapport économique, ou de l'Etat envers les citoyens ; le rapport politique, ou des citoyens avec les citoyens.

Quant au premier, il y a, ce semble, tendance à rentrer sous la loi du sens commun.

Quant au dernier, tant le sujet est délicat et compliqué, à peine il y a moyen, pour le moment, d'examiner les vices, d'énoncer les vues, et peut-être d'essayer quelques pas.

Le pouvoir n'a de prises qu'à l'égard du second rapport ; lequel, au reste, s'il n'offre pas le mal le plus intense, du moins présente le mal le plus sensible.

« Pour le peuple, il n'y a qu'une loi : la loi de « l'impôt. »

Ici, l'acte est possible ; l'acte est nécessaire.

Qu'on tente d'écouter les autres, ou seulement de s'entendre avec soi-même.

Encore, un tel état de choses est concevable à l'idée, est soutenable en réalité, aux temps d'un pouvoir issu du sang, ou fondé sur le temps, ou créé par la gloire,

Sous l'une et l'autre de ces conditions sociales, le respect et l'amour, l'habitude, le prestige ou la terreur, de même préviennent ou répriment la pensée, de se fixer sur la souffrance, de se livrer à l'espérance.

Mais comment concevoir en droit, comment soutenir en fait, un tel régime, dans l'ère du gouvernement par le pays, comme il est dit et redit (1).

----

(1) Si les chambres comprennent bien leurs devoirs, si elles sont bien convaincues que la condition des classes ouvrières doit être leur première sollicitude, elles établiront une enquête pour examiner les causes d'un évènement désastreux, qui s'est reproduit deux fois en si peu de temps, et qui peut effrayer encore une troisième fois le pays. Ainsi du moins seront étudiés sérieusement les griefs de cette classe d'hommes, que le travail exténue, que la moindre diminution de salaire réduit aux abois, et qui s'agite d'une manière convulsive dans sa brutale ignorance et dans son malaise matériel ; ainsi seront connus les moyens de lui faire justice et d'améliorer sa condition ; ainsi enfin il pourra être mis un terme à ces clameurs, qui s'élèvent des classes inférieures, à ces mouvemens tumultueux, dont les hommes politiques cherchent en vain le motif, à ces perturbations sociales qui menacent continuellement de nous précipiter dans l'abîme sans fin des révolutions.

Qu'arrivera-t-il, grands dieux ! si le gouvernement reste dans son inertie habituelle vis-à-vis des intérêts des travailleurs ? C'est que l'esprit d'hostilité qui a saisi les classes inférieures fera chaque jour de nouveaux progrès ; c'est que ces sentimens haineux s'étendront graduellement d'une classe à l'autre, en remontant l'échelle sociale ; c'est que la société, menacée dans son existence même, restera en quelque sorte suspendue sur le bord d'un cratère qui s'élargira à vue d'œil. Voilà où peut nous conduire l'entête-

Entre le régime et le gouvernement, il y a incompatibilité radicale : il faut ou que le régime, ou que le gouvernement change.

Qu'on se tâte donc. Si le bras n'est pas assez fort, pour faire passer le gouvernement à l'état despotique, les reins seront trop faibles pour se défendre contre la réaction issue du régime.

Qu'on se tâte et qu'on tâte au dehors. Aussitôt les coupables vœux, les funestes espoirs s'évanouissent.

On n'est pas la force par essence ; on n'a la force que par accident.

La force des lois est rongée par la presse, serpent insidieux qui siége dans les entrailles même, qui se retourne en mille et mille sens.

La force des armes est minée par l'opinion, venin contagieux qui s'inocule de semblable à semblable, qui d'abord cause une fièvre interne, qui bientôt éclate en une éruption soudaine.

Voilà la troupe salariée, couverte d'armes reluisantes, marchant au feu à l'ordre des chefs.

Voilà la tourbe enivrée, seulement armée de bras nus, se précipitant au hasard.

N'a-t-on pas vu, dès juillet 1830, et en juin 1832, en avril 1834, comment, rien qu'à son as-

---

ment ou l'indifférence de nos gouvernans, si grands discoureurs en matière d'ordre public, et si inhabiles à l'assurer par l'harmonisation des forces industrielles et par l'égale répartition des impôts. (*Commerce*, 21 *avril* 1834.)

pect sauvage, les soldats étaient affectés, ce semble : et les chevaux mêmes frémissaient d'effroi ?

Ne sait-on pas qu'à Lyon, il y eut, au milieu du feu, un moment d'hésitation ; et que, par suite sans doute, il fallut monter les têtes, lâcher la bride aux fureurs, ainsi donnant occasion à tant d'affreux désastres.

Ne sait-on pas qu'à Lyon, après le funèbre triomphe, un colonel ne fit que cette brève et haute réponse, aux offres de récompense : « MA « RETRAITE. »

Et que, par un beau mouvement d'ame, les officiers se refusent à accepter un prix quelconque en retour du sang de leurs concitoyens.

Joignez-y que déja la presse acharnée, que bientôt l'opinion entraînée, rend avec les plus noires couleurs, et ressent avec la plus profonde horreur, tout ce qui s'est passé à Lyon, à Paris : déplorables suites sans doute ; mais implacables conséquences de la révolte urbaine, à laquelle aussi tous les moyens sont bons.

Joignez-y cette tendance instinctive, rarement erronnée, souvent exagérée, qui rapporte à ce qui est là haut, tout ce qui se fait ici-bas, et traduit l'horreur en haine, la pitié en mépris.

Or, supposez une affaire de même sorte, une seconde affaire encore : et calculez de sang-froid comment tant de causes ralliées jetteront le trouble, porteront l'incertitude.

En somme, le peuple, l'armée font bande à l'écart, ne font pas bande à part.

D'abord, l'esprit de corps s'élève et dans l'un et dans l'autre, ralliant et condensant en un seul être, les membres respectifs : tellement qu'étant en inimitié, des disputes sanglantes éclosent à toute occasion, et qu'au cas de lutte, il s'ouvrira une scène d'extermination.

Puis, dans les intervalles de trève, sous les apparences de paix, l'influence s'exerce réciproquement, tente à pénétrer, à gagner : et, comme nul ne le nie, toutes les chances se rencontrent du bord de celle du peuple; auquel l'homme de troupe se sent allié par le sang, assimilé en malheur; duquel l'homme de troupe reçoit et accueille les promesses séduisantes de liberté, d'égalité.

Qu'y a-t-il donc?

Rien autre chose que ce qui était aussi nécessaire et bien plus facile, au déclin de la restauration.

« Il faut détacher de la masse en suspens, « tels et tels fragmens moins réfractaires : son « poids devant être ainsi amoindri.

« Il faut se rapprocher d'un pas libre en appa- « rence, de la masse en mouvement : son choc « devant être ainsi atténué. » (*Du dénoûment de la crise*, 1829.)

C'est tout.

Ici, point de vains leurres. Jamais on ne ramènera l'état de calme de tête et de cœur, chez les amans ou les amateurs de la république : ceux-là dont la passion, noble en principe, s'est faite vertu, s'est faite religion ; ceux-ci dont l'appétit, naturel de source, s'agite au sein de qui n'a rien ou n'a pas assez, contre qui a beaucoup et trop, à son sentiment ou à son jugement.

On ne maintiendra jamais à l'état de repos de langue et de bras, des gens dont la passion ou l'appétit brave la mort, en espérance du succès, convoite la mort, en désespoir du triomphe.

Qu'y feront les lois ?

La loi sur les crieurs aboutira aux distributions clandestines : la loi contre les associations se résoudra tantôt en conspirations tramées, tantôt, comme à Lyon, en insurrections effrénées.

La loi sur les détenteurs et porteurs d'armes, sur les dresseurs de barricades, sera retournée contre le pouvoir, à titre d'affronts et de soufflets, par la répugnance ou la faiblesse des juges, des jurés.

Pauvres hommes, qui ne sentent pas qu'une voie de communication étant coupée entre les esprits, l'opinion s'en ouvre aussitôt une nouvelle : tout de même qu'une artère étant oblitérée, le sang poursuit on reprend son cours par d'autres canaux.

Pauvres gens, qui ne savent pas qu'aux jours de la ligue et de la fronde, exemples à citer entre mille, bien qu'il n'y eût ni journaux et écrits sous la main, ni clameurs et harangues dans la rue, les émeutes n'en étaient que mieux concertées, que plus développées.

Il y a lieu de dire que la légalité tue : non pas en ce sens qu'il faille aggraver ses rigueurs : mais au contraire en ce que s'étayant de son appui, s'enhardissant à son abri, le pouvoir repose en paix, hasarde à tout risque ; d'autant plus prêt à faillir, à choir, en raison de l'élan progressif du mouvement et du manque subit des sauve-gardes.

La légalité est léthifère à double titre : alors que son invention accuse, affiche le sentiment des périls, et pousse ainsi à l'audace, l'ennemi ; alors que son exécution rencontre des obstacles, amène des reculades, et porte ainsi aux amis, ou effroi ou dégoût.

Une telle légalité travaille uniquement à éclaircir les rangs dévoués, à recruter les rangs opposés : tandis que le seul art, comme le seul devoir, consistait à pénétrer au sein de la masse neutre et flottante ; à la saisir, la gagner par le cœur ; à s'en attacher une plus forte part ; et, par contre, à réduire en somme, le parti hostile.

C'est ici, surtout, que s'est trompé et se trompé l'ancien pouvoir, le pouvoir nouveau.

A l'aspect de la fraction ou faction adverse, si faible en nombre, si vive en mouvement, le pouvoir se trouble d'abord, et ne voit que le danger où il est vraiment, ne voit pas la défense où elle est réellement aussi.

Comme la masse populaire reste calme, inerte, et parfois morne, il ne s'en rend point compte, ne la porte point en compte.

Il semble d'une lutte à outrance entre le pouvoir et le parti, qui est donnée en façon de spectacle, à la nation assise dans les loges ou au parterre, et disposée à applaudir le vainqueur quelconque.

Et le dénoûment ne se fait pas attendre : le pouvoir s'affaiblissant par ses succès, le parti se renforçant dans les revers.

Il fallait plutôt, il fallait seulement acquérir ou conquérir la masse. En s'alliant à elle, en la ralliant à soi, on isolait le parti, bientôt refroidi à la vue de sa faiblesse ; on circonvenait le parti, ainsi retenu en ses complots, ainsi réprimé en ses attaques.

Certes, Paris, Lyon, Grenoble et autres villes disent comme on en est déja éloigné, comme on s'en éloigne de plus en plus.

Partout, la garde nationale avait à refouler la conception, à prévenir l'action, à repousser l'agression.

Toujours le succès couronnait ses efforts : si bien que le journal vraiment néfaste, nommé alors *l'Etoile*, ne se lassait d'exalter le licenciement de la garde nationale ; et maintenant dénommé la *Gazette*, ne cesse de proclamer que la révolution de juillet n'a eu lieu qu'en l'absence de la garde nationale (1).

-----

(1) Tout le monde dit aujourd'hui, que si la garde nationale avait été organisée, la révolution n'aurait pas eu lieu. (16 *avril* 1831.)

Or, dans les villes de province, la garde nationale n'apparaît pas : tantôt privée de ses armes, tantôt tenue sous la remise.

Dans la capitale, elle se rallie, elle marche, mais à l'appel de la crainte du pillage : crainte qui ne souffle qu'un courage d'occasion, crainte qui s'évanouit devant les périls de la vie.

Aussi, le pouvoir, loin de s'y reposer, requiert une armée de supplément : se mettant à la merci des hasards de la discipline ; se drapant sur la scène politique, à la manière de Napoléon, sans avoir rien de lui, que le manteau sur le dos.

Le pouvoir, entraîné par sa mauvaise étoile, se jette d'autant sur les voies d'isolement de la force nationale, s'expose d'autant aux cris de mécontentement de l'opinion publique.

Ici, l'adversaire le plus loyal et le plus sensé, à deux années d'intervalle, a dit la cause primitive, a dit l'effet secondaire.

(*M. Pagès*, 18 *octobre* 1831.) « Je ne re-
« doute pas les majorités : je les crois plus tur-

Si la garde nationale eût été alors sur pied, les rues auraient été préservées du désordre : la résistance aux ordonnances se serait faite par d'autres moyens. (18 *avril.*)

A Paris, la garde nationale est tout : loi, justice, pouvoir, épée, bouclier et rempart. Otez-la, tout tombe dans la confusion.

Aurait-on poursuivi devant elle une attaque furieuse et une défensive imprudente ? Aurait-on culbuté ses profondes colonnes ? (20 *juin.*)

« bulentes que factieuses. Ce n'est pas la royauté
« qui les gêne ; c'est le ministère qu'elles convoi-
« tent. Et les 221, qui ont poussé les Bourbons
« vers l'abîme, ne voulaient que déplacer des
« portefeuilles, lorsqu'ils ont brisé des cou-
« ronnes. »

C'était chose tout-à-fait surnaturelle, que les
pousseurs à l'abîme, que les briseurs de cou-
ronnes, qui ne voulaient que déplacer des portefeuilles, se retournassent aussitôt, reprissent de
toutes autres voies, sortissent de la mémoire et
leurs vœux et leurs faits, enfin se fissent les ser-
viteurs du pays, les mandataires du peuple.

Et l'exemple, gagnant de proche en proche,
c'était chose de même merveilleuse, que les suc-
cesseurs au pouvoir, que les agens du pouvoir,
gardassent aucun sentiment, aucune idée du devoir de l'homme public.

De là, on ne voit en tous les rangs supérieurs
ou subalternes, que des manières d'arrogance,
que des actes d'arbitraire, que des mesures d'â-
preté ; qu'enhardissent chaque fois et les paroles
d'approbation et les primes de rémunération.

En telle sorte, qu'à Lyon, la pairie incombe à
celui qui n'a manqué vraiment, qu'à se jeter au-
devant de l'émeute, à se risquer aux premiers
coups, à se dévouer au salut de la cité : parfaite-
ment certain de l'assurer ainsi ;

Que la pairie attend celui qui aurait pu, en
protégeant de même la précieuse vie des soldats,

ménager davantage et le sang et le bien des habitans.

Sans que nul se doute, autant qu'il semble, que des récompenses aussi indûment jetées, se transforment en semences de nouveaux troubles; que des victoires aussi rudement travaillées, préparent une ample récolte et de crises et de désastres.

(*M. Pagès*, 12 *mars* 1834.) « Avez-vous groupé « autour du pouvoir, ces masses qui ne deman- « dent que l'ordre et la paix, qui veulent jouir « du jour et compter sur le lendemain?...

« Avez-vous conquis l'affection du peuple, « l'estime des capacités, le respect des adver- « saires?...

« Avez-vous satisfait le pays par la paix, les « capacités par la liberté, le peuple par la di- « minution des impôts?... »

L'orateur a parlé : et nul ministre, nul député n'a répondu. Car la bouche n'avait à s'ouvrir que pour rendre d'un cri de repentir et d'effroi : *non, non.*

Seulement s'élève la voix, par une étrange alliance, et capricieuse et impérieuse, de la feuille, dite de perdition, déja à deux titres, bientôt à un autre titre : feuille néfaste aussi, qui perdait Louis XVIII, en le pressant, le poussant en dehors de la ligne du possible, si Louis XVIII avait été tout-à-fait privé de sens ;

Qui perdit Charles X ; un temps fut, en cares-

sant, en encourageant ses penchans à peine ré-
primés par la conscience; et un temps vint, en lui
soufflant et l'épouvante et la colère, en lançant
contre lui les passions haineuses et envieuses;

Qui perdra Philippe, en l'effrayant outre mesure, par le récit anticipé de ses périls; en déve-
loppant, comme à plaisir, les causes imminentes
de sa ruine : et cela fait, se jetant et l'entraînant
à sa suite, quant aux moyens de salut, dans les
régions fantastiques de l'idéalité.

(*Débats*, 27 *avril* 1854.) « Beaucoup de gens
« s'imaginent qu'il en est du pouvoir en France,
« comme de l'arbre d'Horace, que l'épreuve de
« la coignée lui est bonne et salutaire. C'est là de la
« poésie : tout pouvoir qui joue à ce jeu sanglant
« de la guerre civile, finit par perdre la partie.

« Tout gouvernement, qui croit se retremper
« par des victoires dans les rues, finit par suc-
« comber dans cette épreuve...

« Non, la guerre civile ne consolide pas les
« institutions; non, les batailles ne fortifient pas
« le pouvoir; non, des armées, quelque vail-
« lantes et disciplinées qu'elles soient, ne lui as-
« surent qu'une prédominance éphémère et fac-
« tice...

« En France, on croit volontiers à la force
« du pouvoir, quand on le voit bien équipé, bien
« armé de pied en cap, et que, par occasion, il
« frappe fort. Le danger passé, chacun rentre
« dans son indifférence pour le pouvoir...

« Alors, quelque jour le combat recommence ;
« on prête l'oreille aux coups de fusil ; la ville
« est en émoi ; l'armée, la garde nationale ac-
« courent et sauvent le pouvoir : puis chacun dit
« que le pouvoir est fort.

« Tel est le cercle vicieux où nous marchons...

« En fait de législation, nous ne demandons
« rien d'exceptionnel ; mais nous ne voulons rien
« d'inefficace : toute loi, menaçante dans ses mo-
« tifs et dans sa formule, qui avorte dans l'exé-
« cution, est comme ces armes qui éclatent dans
« la main. »

Tableau formidable de vérité, auquel il ne
manque que de porter en exergue, ces brèves paroles : PRINCE, IL FAUT MOURIR.

Car l'écrivain, se battant les flancs, se creusant
la cervelle, n'a été capable d'imaginer, en guise
de moyens de salut, que de stériles vœux avor-
tant en vains espoirs.

(*Débats*, 27 avril). « Il faut au gouvernement
« l'accord intelligent et dévoué des bons ci-
« toyens : fonctionnaires, juges, électeurs, gardes
« nationaux.....

« La considération du gouvernement repré-
« sentatif se compose de tout ce que chacun y ap-
« porte de talent, de dévoûment, d'énergie, de
« fidélité.....

« Il faut au pays un gouvernement mêlé à la
« nation, et qui lui rende incessamment la force
« qu'il en reçoit.....

« Quand tous les citoyens ne se contenteront
« plus de prêter l'appui de leurs baïonnettes au
« pouvoir menacé ; quand toute la masse des
« honnêtes gens ne fera plus qu'un seul corps,
« compacte, serré, avec le pouvoir ;

« Quand la puissance publique sera appuyée
« sur l'assentiment actif et vigilant du pays ;

« On verra si le gouvernement ne retrouvera
« pas le respect qui lui est dû. »

Tel est le sermon en trois points et plus.

Ne semble-t-il pas entendre la parole austère
et rigide à juste titre, du ministre de Dieu : lui,
vis-à-vis de qui, nul n'a de droit ; lui, envers qui
chacun n'a que devoir.

Jadis, l'Etat avait à servir le pays : chanson su-
rannée. Maintenant le pays a à servir l'Etat : va-
riante nouvelle.

L'Etat ne sait que perdre le pays : donc le pays
doit sauver l'Etat.

L'Etat ne veut rien faire pour le pays : donc le
pays doit tout faire pour l'Etat.

Il y a plus et mieux, sans doute. La feuille se fait
scrupule de parler de tous autres, que *bons citoyens*,
qu'honnêtes gens; à peine y comprenant, et seulement pour le coup de feu, les gardes nationaux.

Pas le plus triste mot ne s'y rencontre, des
marchands et ouvriers, des paysans et journaliers;
gens qui ne comptent qu'en conscrits, qui ne
pèsent qu'en tributs.

Eh ! ces gens-là sont indignes, même de se dévouer à l'Etat, même de s'immoler pour qui les
immole.

Grand merci pour eux ! Voilà qu'ils assistent,
les bras croisés, et tout au plus l'œil et l'oreille
entr'ouverts, au grand spectacle du triomphe ou
de la ruine de l'Etat.

Vraiment, cette feuille est folle, folle à lier.

Ne vient-elle pas de prononcer l'axiôme su-
prême : « Dans le gouvernement représentatif, le
« pouvoir seul n'est rien : il ne vit pas isolé de la
« nation. »

Or, ces gens-là, ainsi mis à l'écart, sauf
une insignifiante fraction, ne sont pas moins que
toute la nation, en fait de justice, ne font pas
moins que toute la nation, en fait de force.

A. PIHAN DE LA FOREST, IMPRIMEUR,
Rue des Noyers, n° 37.